D0998378

[en harmonie]

2ᵉ cycle du primaire

Lily Cloutier
Patrick St-Jacques

Diapason

Éthique et culture religieuse

Manuel de l'élève
B

MODULO

Nous reconnaissons l'aide financière du gouvernement du Canada par l'entremise du Programme d'Aide au Développement de l'Industrie de l'Édition (PADIÉ) pour nos activités d'édition.

Équipe de production

Chargée de projet: Pascale Couture
Révision linguistique: Marie Théorêt
Révision scientifique: Fernand Ouellet
Correction d'épreuves: Katie Delisle
Photographies: Conseil du patrimoine religieux du Québec; 2003: p. 23; Moses with the Tablets of the Law (oil on canvas) by Guido Reni (1575-1642) © Galleria Borghese, Rome, Italy/Lauros/Giraudon/The Birdgeman Art Library Nationality/Copyright status: Italian/out of copyright: p. 31.
Illustrations: Patrick Bizier: p. 6-7, 8, 13, 35-36, 38, 40, 53-54, 55; Laurence Dechassey: Couverture, p. IV-VI, 2, 4-5, 16, 17, 19, 20, 21, 22, 24-25, 26, 29, 37, 42, 43, 59, 60, 62, 63, 65, 66.
Montage: Pige communication
Maquette: Marguerite Gouin
Couverture: Marguerite Gouin

Il est à noter que les termes propres à chaque tradition religieuse peuvent s'écrire d'autres façons que celles retenues dans le présent manuel.

Groupe Modulo est membre de l'Association nationale des éditeurs de livres.

En harmonie
Diapason – Manuel de l'élève B

© Groupe Modulo, 2008
233, avenue Dunbar
Mont-Royal (Québec)
Canada H3P 2H4
Téléphone: 514 738-9818/1 888 738-9818
Télécopieur: 514 738-5838/1 888 273-5247
Site Internet: www.groupemodulo.com

Dépôt légal — Bibliothèque et Archives nationales du Québec, 2008
Bibliothèque et Archives Canada, 2008
ISBN 978-2-89650-035-2

Imprimé au Canada
1 2 3 4 5   12 11 10 09 08

TABLE DES MATIÈRES

Réfléchir sur des questions éthiques, c'est…

❁ Prendre connaissance, décrire et mettre en contexte des situations qui te sont présentées.

❁ Formuler dans tes mots une question éthique.

❁ Comprendre ce qui se passe dans une situation.

❁ Comparer des points de vue présentés dans une situation.

❁ Repérer des valeurs et des normes qui s'opposent dans ces situations.

❁ Comparer ta perception de la situation à la perception de tes pairs.

❁ Examiner et proposer des actions ou des options possibles en lien avec les situations.

❁ Nommer des effets qui pourraient découler des actions ou des options proposées.

❁ Choisir les actions ou les options qui favorisent le vivre-ensemble.

❁ Examiner des repères pour comprendre les différents points de vue.

❁ Rechercher le rôle et le sens de ces repères.

❁ Considérer d'autres repères que ceux exprimés dans la situation.

❁ Faire un retour sur la démarche qui t'a permis de parvenir à ces choix.

Manifester une compréhension du phénomène religieux, c'est...

- ✿ Nommer, décrire et mettre en contexte des expressions du religieux.
- ✿ Explorer ces expressions afin d'en comprendre la signification.
- ✿ Faire des liens entre ces expressions et leur tradition d'origine.
- ✿ Faire un retour sur ses découvertes.

- ✿ Découvrir des expressions du religieux dans ton environnement.
- ✿ Les relier avec des éléments sociaux et culturels d'ici et d'ailleurs.
- ✿ Reconnaître leur influence dans la société.
- ✿ Relever ce que ces expressions du religieux ont en commun et ce qui les distingue.

- ✿ Explorer différentes façons de penser, d'être et d'agir dans la société, à l'intérieur d'une même tradition religieuse et dans diverses traditions religieuses.
- ✿ Nommer des comportements appropriés face à cette diversité.

Des définitions

Une **expression du religieux**, c'est un élément qui appartient à une ou à plusieurs dimensions d'une religion. Ces expressions s'enracinent et se développent dans une société, une culture. Une croix de chemin, une synagogue ou le cercle sacré autochtone en sont des exemples.

Une **norme** encadre les comportements des individus. Elle indique les comportements normalement attendus dans une société ou un groupe donné. Par exemple, c'est la norme de saluer les gens qu'on connaît quand on les rencontre.

Pratiquer le dialogue, c'est...

❀ Avec les autres, mettre en place des règles afin d'assurer le bon déroulement du dialogue.

❀ Exprimer ton point de vue, tes préférences, tes sentiments et tes idées selon les règles et les formes de dialogues qui te sont proposées.

❀ T'intéresser au point de vue des autres et le questionner.

❀ En silence ou avec d'autres, bien comprendre le sujet du dialogue.

❀ Faire des liens entre ce que tu découvres et ce que tu connais déjà.

❀ Repérer ce qui est important dans les points de vue énoncés.

❀ Faire le point sur tes réflexions.

❀ Utiliser des ressources qui t'aideront à mieux comprendre le sujet du dialogue.

❀ Reconnaître qu'il existe différentes façons de percevoir ce sujet.

❀ Exprimer tes idées ou ta façon de le percevoir.

Des définitions

Un **principe moral**, c'est une norme qui indique ce qu'il faut faire ou ne pas faire pour atteindre ce qui est considéré comme bien.

Un **repère** est un élément que l'on puise dans l'environnement social et culturel. Il éclaire nos réflexions dans diverses situations. Il peut être d'ordre moral, religieux, scientifique, littéraire ou artistique. La Charte canadienne des droits et libertés, par exemple, est un repère.

Une **valeur**, c'est ce qui est considéré comme très important pour une personne ou un groupe de personnes. Par exemple, l'amitié, l'honnêteté, le respect, etc.

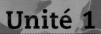

EN GROUPE

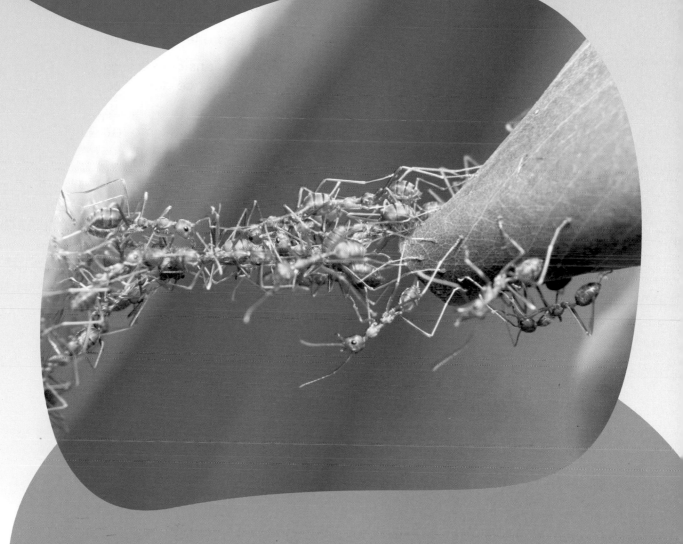

Trois ingrédients sont nécessaires au bon fonctionnement d'un groupe : savoir y prendre sa place, favoriser des relations harmonieuses et respecter les règles.

1

LES RETROUVAILLES

L'été tire à sa fin. Octave a beau rendre visite tous les jours à monsieur Paulo, ses amis lui manquent. Voilà déjà deux semaines que Nadja est partie en vacances chez sa grand-mère qui habite Manawan. Simon est également parti avec sa famille depuis quelque temps. Octave a hâte à la rentrée car il reverra ses amis.

Ce matin, c'est la rentrée. Octave est heureux d'apercevoir Nadja et Simon dans la cour. Il se dirige vers eux. Il espère qu'ils seront dans la même classe que lui.

Ils se saluent et, tout de suite, Nadja s'empresse de raconter que lors de ses vacances chez ses grands-parents, elle a notamment participé à un pow-wow. Le chapeau qu'elle tient dans ses mains est un souvenir que sa grand-mère lui a offert. Elle est excitée à l'idée de le montrer à monsieur Paulo.

1. Pourquoi certaines personnes te manquent-elles?

2. Préfères-tu être seul ou avec des amis? Pourquoi?

3. Que peut-on faire pour contrer l'ennui?

LE POW-WOW

Au Québec, il existe onze communautés autochtones que l'on appelle *nations*. Il s'agit des Abénaquis, des Cris, des Mohawks, des Algonquins, des Hurons-Wendats, des Innus (Montagnais), des Attikameks, des Malécites, des Naskapis, des Micmacs et des Inuits.

Chacune de ces communautés a ses coutumes, sa langue, ses traditions et un mode de vie qui lui est propre. Afin de garder contact entre elles et de maintenir des traditions bien vivantes, certaines communautés organisent une fête annuelle que l'on appelle *pow-wow*.

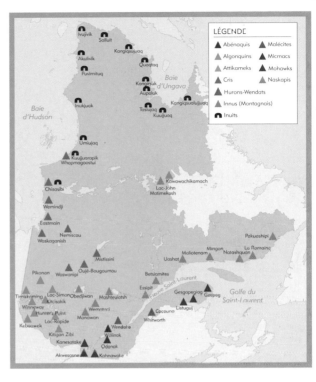

Le pow-wow est un grand rassemblement. Sa durée peut varier d'une à quelques journées. Parfois, la fête débute par un défilé ou un chant inaugural. Chez certaines nations, des cérémonies où l'on rend hommage à quelqu'un et des pratiques religieuses font partie du programme. Chez d'autres, le pow-wow est plutôt un moment pour socialiser. Chose certaine, la danse, le chant, les jeux et les festins y occupent une place de choix. C'est une belle occasion de resserrer les liens entre les personnes d'une communauté et entre les membres d'une nation.

1 D'après toi, pourquoi les Autochtones ressentent-ils le besoin de se regrouper lors d'occasions comme le pow-wow?

2 Nomme une fête qui permet à une communauté de se rassembler.

3

LE NOUVEAU

Pour entretenir des relations harmonieuses, les membres d'un groupe doivent s'entendre sur des règles et les respecter.

William vient d'emménager dans le quartier. Le matin de la rentrée, il s'est rendu à l'école pour la première fois. Il ne connaissait personne.

Il a d'abord rencontré monsieur Blanchet, son enseignant, qu'il a trouvé bien gentil. Rapidement, William s'est toutefois rendu compte que les règles n'étaient pas les mêmes que celles de son ancienne école. Il ne s'en fait pas.

LE MATIN, AU VESTIAIRE...

Une règle stipule qu'en arrivant le matin, tout élève doit immédiatement se rendre au vestiaire pour y déposer son sac d'écolier, mettre ses chaussures et prendre ensuite le rang avec sa collation dans les mains.

William décide de modifier l'ordre des choses. En descendant de l'autobus, il entre sans se faire voir par la porte du vestiaire, puis il se dirige vers sa classe afin d'aller déposer immédiatement sa collation dans son bureau. Selon lui, c'est beaucoup plus simple comme cela. Il rejoint ensuite les autres rapidement.

PENDANT L'HEURE DU DÎNER...

Tous les midis, William dîne chez ses grands-parents qui reçoivent aussi deux autres élèves. Les jeunes donnent un coup de main en mettant la table et en desservant lorsque le repas est terminé. Ce midi, après le repas, William s'assoit dans le fauteuil et se berce, pendant que les autres débarrassent la table.

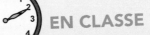

EN CLASSE

En classe, il arrive qu'un élève termine une activité avant les autres. Il a alors le droit de prendre un livre et de lire en silence. Cette fois, c'est William qui a terminé sa rédaction avant les autres. Au lieu de lire, il décide de s'avancer dans son devoir de mathématique à l'ordinateur.

AU CLUB DE BASEBALL

William adore jouer au baseball. Il s'est d'ailleurs inscrit au club de son quartier, « Les Mésanges ». Avant le début d'un match, tous les joueurs doivent aller s'asseoir sur le banc pour attendre l'entraîneur qui donnera les directives. Aujourd'hui, au lieu de se rendre au banc, William va rejoindre l'entraîneur pour l'aider à transporter le matériel.

En équipe, reprends une situation et, sous forme de délibération, déterminez si elle est juste.

❶ Dis à quelle règle William contrevient.

❷ Choisis une de ces situations et décris un autre comportement que William aurait pu adopter.

CHACUN SON TOUR

Pour la première fois, Maude fait partie de la ligue d'improvisation de son école. Ce n'est pas facile d'y faire sa place, car on y trouve plusieurs élèves expérimentés qui sont de bons comédiens. Être membre de la ligue est exigeant, car il faut être présent à toutes les rencontres. De plus, chacun doit s'acquitter d'une tâche. Par exemple, il faut faire la publicité de chaque joute, aménager la salle qui accueillera les spectateurs ou préparer les cartons de couleurs qui serviront à voter lors des joutes. Certains rôles ont plus d'importance au sein de l'équipe : il y a celui de capitaine de l'équipe, d'aide-capitaine et d'arbitre. Lakofa, une élève de 6ᵉ année qui a la responsabilité d'arbitrer les joutes, est reconnue comme une personne juste.

Maude s'adresse à l'entraîneur pour lui demander quelle tâche lui est assignée.

— Toi et Karim, vous distribuerez les cartons aux spectateurs, suggère-t-il.

Maude pensait à quelque chose de plus important, annoncer les points par exemple. L'entraîneur lui explique que les plus grandes responsabilités sont confiées aux élèves inscrits depuis plus longtemps. Maude est déçue et tente d'argumenter avec l'entraîneur. Celui-ci l'arrête tout de suite et lui dit :

— Je vois bien que tu es déçue, mais c'est notre manière de faire. Sois patiente. Ton tour viendra.

1. Dans tes mots, explique le terme « hiérarchie ».

2. Nomme un groupe que tu connais qui a une structure hiérarchique et décris les différents rôles de chacun des membres.

3. Qu'est-ce qu'un privilège ?

Est-il normal que dans un groupe certaines personnes aient des privilèges ?

RÉACTION IMPROVISÉE

Maude est très nerveuse. À midi, c'est la première joute de la saison ; son équipe affrontera l'équipe des Jaunes. Elle sait qu'elle ne jouera pas beaucoup. Elle espère au moins avoir deux présences sur l'aire de jeu pour mettre en pratique ce qu'elle a appris. Sa première présence se passe très bien.

C'est presque la fin du match. L'équipe de Maude perd 4 contre 5. Le capitaine décide d'envoyer au jeu Julien, un ancien. Julien, qui commet une faute en jeu, reçoit une punition de Lakofa. Son équipe perd le match 4 contre 6. Maude est en colère. Elle croit qu'elle aurait pu faire mieux que Julien. Elle en veut aussi à l'arbitre. Elle dit tout haut que l'arbitre se prend pour une autre. Maude retire son gilet, le lance sur le banc et quitte la salle.

❶ Pourquoi Maude réagit-elle ainsi ?

❷ Quelles autres réactions aurait-elle pu avoir ?

❸ Pourquoi a-t-on du mal, parfois, à adopter une attitude plus acceptable dans un groupe ?

L'ALPHA ET L'OMÉGA

Selon les scientifiques qui se spécialisent dans l'observation animale, certaines espèces s'organisent autour d'un ordre hiérarchique. Dans une meute de loups, par exemple, chaque individu occupe une place précise ; ses comportements respectent un ordre de dominance. Ainsi, le mâle et la femelle alpha sont les loups de rang supérieur. Les autres loups, de rang inférieur, cèdent presque toujours aux loups de rang supérieur. Cette structure permet aux loups de ne pas se battre entre eux ni de se blesser. Elle assure également le bon fonctionnement et la survie de la meute.

Le couple de loups alpha est généralement composé d'adultes, et plusieurs loups de la meute sont leurs descendants. Ils se distinguent des autres membres car ils portent leur queue relevée, sont toujours les premiers à se nourrir et démontrent farouchement leur dominance. C'est le couple alpha qui décide des déplacements de la meute. Les loups alpha peuvent tenir ce rang pendant plusieurs années.

Une meute comprend aussi des loups subalternes. Ces loups, généralement plus jeunes, prennent soin des louveteaux et les nourrissent. Des loups âgés peuvent perdre leur statut de loup alpha et se retrouver au rang des subalternes.

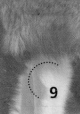

9

Enfin, tout en bas de l'échelle sociale, il arrive que l'on trouve un loup oméga. Sa fourrure est tapée, ses oreilles sont baissées et il rase pratiquement le sol en marchant. Le loup qui occupe ce rang est une sorte de bouc émissaire. Mis à l'écart par les autres loups de la meute, il est parfois victime de leur agressivité. La meute peut aussi décider de le rejeter complètement. Il quitte alors le groupe pour vivre seul.

Bien qu'il en découle certains inconvénients, la vie en meute offre de nombreux avantages. D'abord, le fait de chasser en groupe permet d'attaquer de plus grosses proies en déployant moins d'efforts. Les louveteaux sont mieux protégés, car chacun des loups de la meute veille sur eux. De plus, lorsqu'ils vivent en meute, les loups font une meilleure gestion des ressources de leur territoire.

Tout comme les humains, les loups adoptent des comportements qui peuvent être positifs ou négatifs pour la vie de groupe. Cependant, une différence importante propre aux humains est leur capacité de réfléchir aux moyens pour améliorer la qualité de la vie en groupe.

1 Selon toi, comment peut se sentir une personne rejetée par son groupe ?

2 Invente une histoire où une personne est mise à part dans un groupe. Donne deux pistes de solutions. Nomme un effet possible pour chacune.

LE TOP CINQ DES COMPORTEMENTS

Bonjour,

Mon nom est Béatrice Stevens.

J'effectue une recherche afin de découvrir quelles sont les qualités et les attitudes à développer pour être un élément positif dans un groupe.

Tu as sûrement remarqué que, dans un groupe, certaines personnes sont appréciées par plusieurs. Elles font en sorte que les relations soient harmonieuses et aident à l'atteinte des objectifs fixés. Avec elles, tout le monde se sent bien. Lorsqu'elles sont en position de chef, elles utilisent leur pouvoir de façon positive.

D'autres personnes cependant nuisent à la vie de groupe. Tu connais peut-être un mauvais chef d'équipe. En général, ces personnes abusent de leur pouvoir. Elles ont une façon d'agir qui nuit au bon fonctionnement du groupe. Avec elles, les membres du groupe ne se sentent pas toujours respectés.

Afin de m'aider dans ma recherche, j'aimerais que tu dresses une liste des caractéristiques de ces deux types de personnes.

Selon toi, quel est le comportement le plus important à développer pour être un élément positif dans un groupe? Justifie ton choix.

1 Nomme des gestes concrets qu'une personne doit accomplir pour que les relations dans un groupe soient harmonieuses.

2 Décris cinq comportements qui nuisent à la vie de groupe.

Unité 2

DES TRACES QUI VIENNENT DE LOIN

Regarde autour de toi... Interroge les statues, les édifices, les noms de rues...

Écoute ta ville ou ton village te raconter une belle histoire... Ton histoire !

Pars à l'aventure !

DES PREMIERS HABITANTS

Les premiers colons français qui s'installent en Nouvelle-France sont catholiques, quelques-uns sont protestants. Quand ils arrivent au 16ᵉ siècle, les Amérindiens habitent déjà le territoire. Ensemble, ils vont bâtir des villes et des villages qui composent encore le Québec aujourd'hui.

Pour plusieurs de ces hommes et de ces femmes, les croyances religieuses occupent alors une grande place dans leur quotidien. Les catholiques qui composent un groupe important vont d'ailleurs laisser une empreinte bien concrète de leurs croyances dans l'environnement qu'ils ont construit.

1. Quelle est la signification du nom de la ville ou du village où tu habites ?

2. Trouve des noms de rues qui montrent l'influence de la religion chrétienne.

3. Trouve des édifices qui montrent l'influence de la religion chrétienne ou d'autres traditions religieuses.

LES FÊTES DU 250ᵉ

Sainte-Anne, la ville où demeure Octave, fête son 250ᵉ anniversaire de fondation. Un comité, supervisé par madame Rousseau, a été formé pour organiser les activités qui souligneront cet événement. C'est un gros défi, car les activités devront intéresser tout le monde : les jeunes et les moins jeunes.

Lors du lancement officiel des festivités, madame Rousseau a aussi présenté le premier événement qui marquera ces fêtes.

Mes chers amis,

Il y a 250 ans, Amédé Saint-Arnaud fondait notre ville, Sainte-Anne. Les premiers bâtisseurs voulaient que cette ville soit un endroit où il fait bon vivre. Pour y arriver, ils ont dû tracer les rues et ériger les églises, les écoles et l'hôpital. Puis, ils les ont nommés, en s'inspirant des croyances et des valeurs qui les animaient. La plupart de ces premiers habitants étaient de foi catholique et les noms des rues et des édifices en témoignent encore aujourd'hui.

Au fil des années, la ville a pris forme. Des descendants de certains des premiers bâtisseurs l'habitent encore. D'autres personnes, quelquefois venues de loin, se sont installées ici et ont participé au développement de notre ville. Aujourd'hui, elle est florissante.

Afin de vous permettre de découvrir les traces de ce passé, le comité organisateur a eu l'idée de proposer un rallye qui nous fera faire un voyage dans le temps et qui sera l'occasion d'admirer certains des plus beaux bâtiments de notre ville.

Merci à tous et joyeuses célébrations !

Fais toi aussi une enquête sur l'histoire de ta ville ou de ton village.

1 Connais-tu le fondateur de la ville ou du village où tu habites ?

2 Quelle est la date de fondation de ta ville ou de ton village ?

LES RÈGLES DU RALLYE

Octave a décidé de participer au rallye. Il fera équipe avec sa mère et monsieur Paulo.

Voici les règles du rallye :

Rallye

Votre équipe doit être composée de 3 personnes :

- un enfant de moins de 12 ans ;
- un de ses parents (père ou mère) ;
- une personne âgée d'au moins 50 ans.

Matériel permis

Voiture, vélo, encyclopédie, Internet, cartes de la ville, papier recyclé.

Règles générales

L'objectif de ce rallye est de vous faire découvrir les plus beaux coins de Sainte-Anne.

- Samedi matin, se rendre à la salle communautaire pour l'inscription.
- Le coût : 10 $ par équipe.
- Inscrire le nom des membres de l'équipe sur le formulaire officiel.
- Le point de départ sera indiqué sur le questionnaire.
- À ce point de départ, un premier indice sera remis.
- À chacune des stations, un indice est caché ; il mène à la station suivante.
- Le rallye se compose de huit stations incluant le point de départ.
- Avoir terminé le rallye au plus tard à 14 h 30.

**Bonne découverte et bonne chance
à tous les participants !**

1. Est-il important de respecter les règles lorsqu'on participe à une activité comme celle-ci ? Pourquoi ?

2. Toutes les règles du rallye sont-elles d'égale importance ? Par exemple, si une personne utilise du papier non recyclé, devrait-elle être éliminée ?

DES MUNICIPALITÉS ET DES HISTOIRES

Le jour du rallye est enfin arrivé. Octave et son équipe sont impatients de découvrir le premier indice.

À 10 h pile, tous les participants reçoivent ce premier indice :

Indice 1

Je suis l'édifice qui accueille les nouveaux arrivants.
Sur ma devanture, on trouve un nom qui nous désigne.
L'indice se cache dans un petit panier à l'accueil.

Rapidement, la mère d'Octave croit avoir trouvé la réponse. Elle passe devant ce bâtiment tous les matins lorsqu'elle va travailler. Elle l'a remarqué, car elle aime beaucoup son architecture.

— Je crois que nous devons nous rendre à l'hôtel de ville, dit-elle. C'est là que les nouveaux résidents s'enregistrent. De plus, le nom de notre ville, Sainte-Anne, est inscrit sur sa façade.

— Pourquoi notre ville s'appelle-t-elle ainsi ? demande Octave.

— Il y a longtemps, répond monsieur Paulo, les Canadiens français et les Autochtones qui habitaient ces terres avaient une grande foi pour sainte Anne, la mère de Marie, mère de Jésus.

1 Nomme le plus vieil édifice de ta ville ou de ton village.

DES HÔPITAUX AU QUÉBEC

C'est la maman d'Octave qui la première met les pieds à l'hôtel de ville. Octave, pour sa part, trouve le petit panier. Il glisse sa main à l'intérieur et en sort le second indice.

Indice 2

Plusieurs visiteurs y sont accueillis chaque jour. Bien qu'ils soient toujours les bienvenus, il serait souhaitable qu'ils ne reviennent pas trop souvent. Quoi qu'il en soit, les visiteurs y sont toujours bien accueillis et reçoivent les meilleurs soins possible.

Octave a tout de suite trouvé : il s'agit de l'hôpital de l'Enfant-Jésus… Pour s'y rendre, ils doivent marcher quelque temps. Monsieur Paulo en profite pour leur raconter quelques épisodes de l'histoire de la Nouvelle-France :

— Il y a plus de 350 ans, trois religieuses françaises venaient s'installer en Nouvelle-France afin de réaliser un grand projet : mettre sur pied un hôpital pour soigner les colons et les Autochtones. C'est ainsi que l'Hôtel-Dieu de Québec, le premier hôpital en Nouvelle-France, a été créé. D'autres hôpitaux seront fondés en Nouvelle-France, souvent grâce au travail acharné de religieuses, comme Marguerite d'Youville ou Jeanne Mance.

1 Explique dans tes mots ce qu'est une religieuse ou un religieux.

2 Trouve un centre hospitalier de ta région et informe-toi de son histoire.

UN SYMBOLE VISIBLE

En arrivant à l'hôpital de l'Enfant-Jésus, Octave croise deux autres équipes qui le quittent. Le temps presse. Monsieur Paulo, Octave et sa mère s'activent donc à trouver le troisième indice. Enfin, ils mettent la main dessus.

Indice 3

Je me tiens bien droite au bord de la route. Autrefois, les premiers colons me plantaient pour indiquer que des chrétiens s'étaient installés sur le territoire. L'indice est épinglé là où mes deux droites se croisent.

Octave, sa mère et monsieur Paulo hésitent.

— Les deux droites qui se croisent me font penser à une croix, propose Octave.

— C'est ça, conclut monsieur Paulo. Il s'agit sûrement de la croix de chemin qui se trouve à la sortie de la ville près de la maison des Chartrand.

— Une croix de quoi ? demande Octave.

— Une croix de chemin, répète monsieur Paulo.

Au début de la colonisation, le territoire est peu peuplé. Les Français qui viennent s'installer se retrouvent parfois sur des terres situées loin du village et de l'église. Ces catholiques ressentent le besoin de marquer leur appartenance religieuse. C'est pourquoi ils érigent des croix de chemin proche de leur résidence.

1 Y a-t-il une croix de chemin près de chez toi ? Fais une petite recherche à ce sujet.

GRÂCE AUX JÉSUITES ET AUX URSULINES

Fixée sur la croix, Octave aperçoit une petite boîte. Il doit grimper pour l'atteindre. Avec l'aide de monsieur Paulo, il réussit à la détacher et y trouve le quatrième indice.

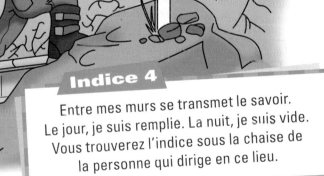

Indice 4

Entre mes murs se transmet le savoir. Le jour, je suis remplie. La nuit, je suis vide. Vous trouverez l'indice sous la chaise de la personne qui dirige en ce lieu.

Octave répond un peu vite, sur un ton découragé :

— Je ne sais pas.

Sa mère sourit et lui dit :

— Voyons, Octave, un endroit où se transmet le savoir ! Un endroit où tu vas presque tous les jours, mais jamais la nuit ?

— Mon école ! s'écrie-t-il.

En route, monsieur Paulo, qui aime bien raconter l'histoire, en profite encore une fois pour expliquer :

— À leur arrivée, les religieux et les religieuses de la Nouvelle-France ont aussi fondé les premières écoles. Environ 100 ans après l'arrivée de Jacques Cartier, les pères jésuites créaient la première école pour garçons. Quelques années plus tard, c'était au tour des religieuses ursulines de fonder la première école qui accueillait les filles. Pendant de nombreuses années, ce sont d'ailleurs les religieux et les religieuses catholiques qui ont fondé les écoles francophones. Ce sont également eux qui s'occupaient de l'enseignement.

1 Quel est le nom de ton école ? D'où vient ce nom ?

2 Depuis quand existe-t-elle ?

3 Par qui a-t-elle été fondée ?

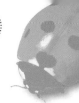

LE JARDIN DU REPOS

Arrivé à l'école, Octave se dirige tout droit vers le bureau de la directrice. Il voit une équipe qui en ressort. Son cœur s'agite. « Vite », se dit-il. Il renverse la chaise et aperçoit une enveloppe contenant le cinquième indice.

Indice 5

Sous mon tapis de verdure reposent les générations qui nous ont précédés. On m'appelle le lieu du repos éternel. Vous trouverez l'indice suivant dans le petit panier accroché à une branche du gros pin tout au fond du terrain.

— On se rend donc au cimetière Sainte-Anne, dit monsieur Paulo.

— Où est-il ? interroge Octave.

— Comme dans beaucoup de villages du Québec, le cimetière se trouve près de l'église. C'est au cimetière qu'on place le corps des défunts. Certains existent depuis très longtemps. Souvent, les cimetières chrétiens sont aménagés comme des jardins, ce qui en fait des lieux paisibles et agréables. On les reconnaît facilement aux nombreux symboles comme la croix et des statues qui ornent les pierres tombales.

1. Trouve un cimetière dans les environs de l'endroit où tu habites. Fais-en la description physique.

2. Selon toi, s'agit-il d'un cimetière catholique ? Explique ta réponse.

UNE PROVINCE AUX MILLE CLOCHERS

À côté du grand pin, Octave a trouvé le sixième indice.

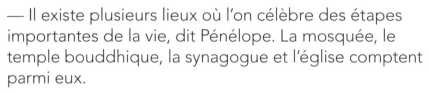

Indice 6

Certaines personnes célèbrent des étapes importantes de leur vie entre mes murs. Mon clocher permet de m'apercevoir au loin. Vous trouverez le prochain indice sous le tapis de l'allée centrale.

— Il existe plusieurs lieux où l'on célèbre des étapes importantes de la vie, dit Pénélope. La mosquée, le temple bouddhique, la synagogue et l'église comptent parmi eux.

— En lisant bien l'indice, il est clair qu'il s'agit de l'église Marie-Reine-des-Cœurs, affirme monsieur Paulo. C'est la seule qui possède un clocher.

— Je connais bien cet endroit, affirme Octave. C'est là que j'ai été baptisé. Je m'y suis rendu aussi à la suite du décès de madame Marina, votre épouse.

— Au Québec, raconte monsieur Paulo, on compte plus de 1300 églises chrétiennes catholiques. À l'exception des centres urbains où l'on trouve de hauts édifices, les églises sont généralement assez faciles à repérer grâce à leur clocher qui s'élève de plusieurs mètres, en haut duquel se dresse une croix. Les églises sont des édifices très importants du patrimoine religieux québécois. Elles ont été l'élément central autour duquel se sont développés les villes et les villages du Québec. C'est en ce lieu que les gens se rassemblaient le dimanche pour la messe.

C'est à Québec que fut construite la première église officielle en Amérique du Nord : la basilique-cathédrale Notre-Dame de Québec. Sa première construction remonte à 1647. Elle a été ravagée par les flammes à deux reprises. La dernière construction date de 1922.

1 Combien y a-t-il de lieux de culte dans ta ville ou ton village ? Nommes-en un.

La basilique-cathédrale Notre-Dame de Québec.

NOËL

Pénélope, monsieur Paulo et Octave entrent dans l'église. Pénélope soulève le tapis de l'allée centrale et y découvre le septième indice.

Indice 7

De jour comme de soir, tous les citoyens de Sainte-Anne peuvent m'admirer. Je symbolise un temps de réjouissances. À mon pied sont disposés des personnages importants. Venez vite m'admirer, je ne serai pas là longtemps. Joseph vous indiquera le prochain indice.

— Facile ! s'exclame Octave. Il s'agit du gros sapin de Noël sur le terrain de l'hôtel de ville.

— Allons-y alors, dit Pénélope.

En quittant l'église, Octave remarque l'inscription « EN CE TEMPS DE L'AVENT ».

— Qu'est-ce que ça veut dire ? demande-t-il en montrant la phrase du doigt.

Encore une fois, c'est monsieur Paulo qui lui donne la réponse.

— Pendant quatre semaines, les chrétiens catholiques, protestants et orthodoxes se préparent et attendent la fête qui souligne la naissance de Jésus, Noël. On appelle cette période l'avent. Puis, arrive le 24 décembre. Ce soir-là, certains se rendent à l'église pour une célébration religieuse. C'est un moment de rassemblement très important pour ces croyants.

1 Nomme des signes visibles dans ton quartier qui démontrent que la fête de Noël approche.

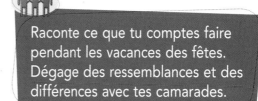

Raconte ce que tu comptes faire pendant les vacances des fêtes. Dégage des ressemblances et des différences avec tes camarades.

Arrivé près du grand sapin, monsieur Paulo se penche et regarde près du personnage de Joseph dans la crèche. Il y trouve un dernier indice.

Indice 8

FIN DU RALLYE.
Veuillez vous rendre
au centre communautaire
avant 14 h 30.

L'ÉQUIPE GAGNANTE

Toutes les personnes ayant participé au rallye sont présentes dans la salle communautaire. Tout le monde est curieux de connaître l'équipe qui remportera le grand prix.

Madame Rousseau prend le microphone afin d'annoncer les résultats.

— Je crois que vous serez satisfaits, dit-elle. Tout le monde est gagnant ! Ce rallye vous a permis de mieux connaître votre ville. Je crois aussi que cette expérience vous a permis d'apprendre plusieurs choses, poursuit-elle. Comme vous avez tous travaillé très fort, un repas traditionnel à saveur du temps des fêtes vous attend. Régalez-vous, dit madame Rousseau. Vous l'avez bien mérité.

① Nomme deux choses que tu as apprises et qui t'ont particulièrement intéressé.

② Qu'est-ce que le temps des fêtes ?

③ Qu'y aura-t-il sur la table pour le goûter selon toi ?

Selon toi, le fait de mieux connaître le lieu où l'on habite a-t-il des effets sur le vivre-ensemble ?

BIEN S'ENTENDRE

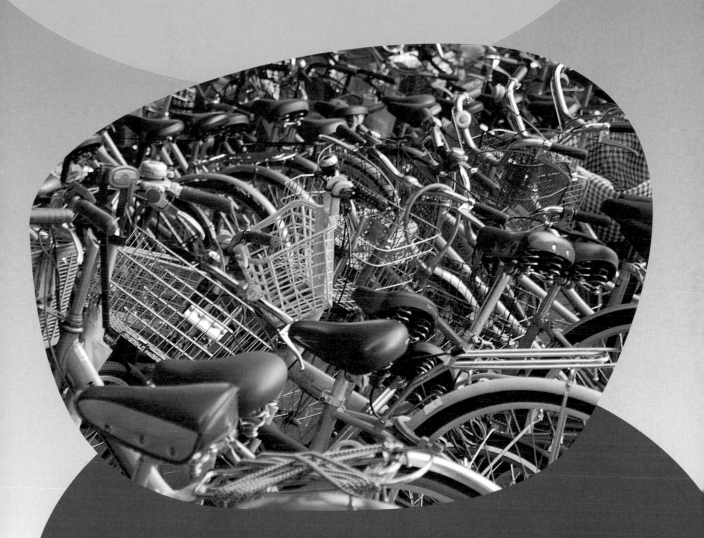

Vivre avec d'autres n'est pas toujours facile.

Pour y parvenir, les citoyens doivent s'entendre sur des normes et des règles.

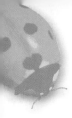

DES RÈGLES POUR LE BIEN-ÊTRE DE TOUS

Dans chacun des groupes dans lesquels tu t'insères, tu dois respecter des règles et des normes. Ces règles et ces normes permettent aux membres d'un groupe, qui ne partagent pas toujours les mêmes valeurs, de fonctionner ensemble sans se quereller.

Il existe différents types de règles. Certaines sont écrites et bien connues de tous ; d'autres ne sont consignées nulle part et, pourtant, elles sont aussi connues de tous. Certaines règles sont très anciennes ; d'autres sont plus récentes.

De tout temps, dès que des individus se réunissent, ils se donnent des règles et des moyens pour les respecter.

1. D'après toi, pourquoi est-il nécessaire de se donner des règles à respecter ?

2. Nomme deux règles qui te semblent nécessaires pour la vie en groupe.

SILENCE

C'est la période d'étude dans la classe d'Octave.
Au tableau, son enseignant monsieur Vaillancourt à écrit
en grosses lettres : SILENCE.

Pourquoi certaines personnes refusent-elles de respecter les règles acceptées par la majorité des membres d'un groupe?

Que faut-il faire lorsque cela se produit?

1 Dans quelles circonstances est-il acceptable de ne pas respecter les règles reconnues par la majorité?

LE CODE D'HAMMOURABI

Hammourabi était le roi de Babylone en Mésopotamie, il y a un peu plus de 3700 ans. Ce roi est connu pour avoir préparé un important code de lois. Ces lois visaient notamment à harmoniser les relations entre les individus. Pour que ces lois soient connues et respectées de tous, il les a fait graver sur des stèles qu'il a fait installer en divers endroits de son royaume.

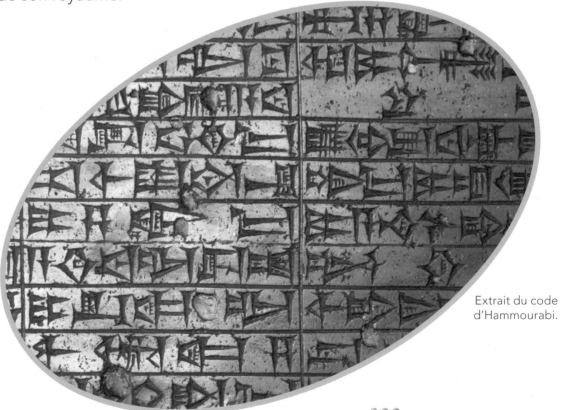

Extrait du code d'Hammourabi.

1 Nomme un code de règles que tu connais.

2 Nomme une règle qui s'y trouve.

Selon toi, pourquoi les humains ont-ils toujours ressenti le besoin de créer des règles?

Lois divines

Hammourabi a énoncé des lois pour assurer le bien-être de son peuple. Plusieurs grandes religions proposent également des règles à respecter. Voici quelques points marquants de l'histoire de Moïse, un personnage important pour les juifs et les chrétiens. Pour ces croyants, cet homme qui a vécu il y a plus de 3000 ans a reçu ses lois de Dieu.

Peut-être te souviens-tu de Moïse qui a, avec l'aide de Dieu, délivré le peuple hébreu de l'esclavage en Égypte. Leur fuite à travers le désert les a amenés au pied du mont Sinaï, en Égypte. C'est au sommet de ce mont que Dieu aurait transmis à Moïse dix commandements destinés au peuple hébreu.

Un tableau de Guido Reni.

Voici le contenu des tables de la loi que Dieu a transmises à Moïse.

Bien qu'issu d'une tradition religieuse, ce document a des répercussions, encore aujourd'hui, sur la manière de vivre des individus et est à la base de certaines règles dans divers groupes. D'autres documents provenant de grandes religions ou de sociétés anciennes continuent eux aussi d'influencer le mode de vie des gens.

1. Je suis le Seigneur ton Dieu : tu n'auras pas d'autres dieux que moi.

2. Tu ne te feras aucune idole.

3. Tu ne prononceras pas le nom de ton Dieu pour rien.

4. Souviens-toi du jour du shabbat et sanctifie-le.

5. Tu honoreras ton père et ta mère.

6. Tu ne tueras point.

7. Tu ne commettras pas l'adultère.

8. Tu ne voleras pas.

9. Tu ne prononceras pas de faux témoignage contre ton prochain.

10. Tu ne convoiteras rien de ce qui appartient à ton prochain.

① Note tous les mots que tu ne comprends pas dans les dix commandements et cherche a comprendre leur signification.

② À partir des articles 4, 6, 8 et 10, nomme une règle ou une loi semblable que tu connais.

BIEN CONDUIRE ET BIEN SE CONDUIRE

Pour avoir le droit de conduire une voiture, une personne doit connaître les lois et les règlements du Code de la route. Elle doit aussi maîtriser la conduite de son véhicule. Cela permet d'assurer à tous la sécurité sur les routes du Québec.

Un peu comme les lois qui assurent la sécurité sur les routes, au Québec, des lois et des règlements ont dû être adoptés pour encadrer les relations entre les citoyens. Ils ont notamment pour but d'assurer de bonnes relations avec les autres. Certaines lois sont dites fondamentales. C'est le cas de la Charte des droits et libertés de la personne. Cette charte reconnaît et garantit des droits et des libertés à tous les citoyens.

Voici quelques exemples de ce que l'on peut lire dans la Charte des droits et libertés de la personne du Québec. Les articles ont certainement une influence sur les règles que l'on se donne dans un groupe.

ARTICLE 1.

Tout être humain a droit à la vie, ainsi qu'à la sûreté, à l'intégrité et à la liberté de sa personne.

ARTICLE 2.

Tout être humain dont la vie est en péril a droit au secours.

ARTICLE 3.

Toute personne est titulaire des libertés fondamentales telles la liberté de conscience, la liberté de religion, la liberté d'opinion, la liberté d'expression, la liberté de réunion pacifique et la liberté d'association.

ARTICLE 8.

Nul ne peut pénétrer chez autrui ni y prendre quoi que ce soit sans son consentement exprès ou tacite.

ARTICLE 10.

Toute personne a droit à la reconnaissance et à l'exercice, en pleine égalité, des droits et libertés de la personne, sans distinction, exclusion ou préférence fondée sur la race, la couleur, le sexe, la grossesse, l'orientation sexuelle, l'état civil, l'âge sauf dans la mesure prévue par la loi, la religion, les convictions politiques, la langue, l'origine ethnique ou nationale, la condition sociale, le handicap ou l'utilisation d'un moyen pour pallier ce handicap.

ARTICLE 39.

Tout enfant a droit à la protection, à la sécurité et à l'attention que ses parents ou les personnes qui en tiennent lieu peuvent lui donner.

1 En t'inspirant des articles de la Charte, rédige quatre règles qui devraient être respectées dans une classe.

LISA ET COMPAGNIE

Lisa a un groupe d'amies très proches. Elles se retrouvent toujours ensemble, même si elles ne sont pas dans la même classe. Ainsi, à l'heure du dîner, elles prennent leur repas à la même table. Puis, elles jouent à toutes sortes de jeux. Quand c'est possible, les amies se voient aussi la fin de semaine.

C'est Lisa qui a eu l'idée de créer un cercle d'amitié. L'idée ayant plu à toutes ses copines, Lisa a été nommée chef. Ensemble, elles ont établi des règles pour en faire partie : être une fille de quatrième année et répondre à une question secrète.

Mathilde n'est pas encore membre, mais elle le voudrait bien. Un jour, elle prend son courage à deux mains et demande à Lisa si elle peut faire partie de son cercle d'amies.

Pendant le dîner, Lisa soumet la demande de Mathilde aux autres membres du groupe. Tour à tour, chacune des filles s'exprime et accepte spontanément, sauf Louisanne. À son avis, il faut refuser cette demande, car Mathilde a de la difficulté à l'école. De plus, elle porte des vêtements de mauvais goût. Selon Louisanne, accepter Mathilde briserait l'unité du cercle.

Si tous les membres du groupe étaient d'accord pour rejeter la candidature de Mathilde, que devrait faire Lisa? Pourquoi?

① Résume la situation en tes mots.

② Nomme des valeurs qui entrent en collision dans la situation.

③ Décris ce que tu ferais si tu étais à la place de Lisa et explique pourquoi tu agirais ainsi.

POUR UNE BONNE CAUSE

Octave et les autres élèves de sa classe
participent à une chasse au trésor. Ils fouillent chaque petit coin du parc
municipal où les indices ont été cachés. En équipe de quatre, les élèves
tentent de trouver les indices pour gagner. Le règlement est clair : il est
formellement interdit de questionner ou d'espionner les membres des
autres équipes. Si un élève enfreint la règle, son équipe sera éliminée.

Frédéric est un garçon brillant qui a de la facilité à l'école. Cependant, il
est timide et n'a pas beaucoup d'amis. Il aimerait faire gagner son équipe.
Ce serait une bonne façon d'être apprécié et de se faire de nouveaux amis,
pense-t-il. Pour cette raison, il décide de transgresser le règlement et
espionne l'équipe de Nadja qui vient de trouver un indice. Malik, qui fait
partie d'une troisième équipe, se rend compte de la tricherie. Il est étonné
du comportement de Frédéric, car il le trouve gentil et le croyait honnête.
Malgré tout, il ne veut pas donner un avantage injuste à l'équipe de Frédéric.

1. Décris et mets en contexte la situation.

2. Que ferais-tu si tu étais Frédéric ? Nomme une norme
   ou une valeur qui guide ta réponse.

3. Que ferais-tu si tu étais Malik ? Nomme une norme
   ou une valeur qui guide ta réponse.

L'HEURE DE POINTE

Avec tes camarades, replace les passagers de l'autobus en essayant d'être le plus juste possible. Tous les membres de ton équipe doivent être d'accord sur les choix. Attention, à la fin de l'exercice, vous devrez les justifier.

DES RELIGIONS ET DES LIVRES

Dans la plupart des grandes religions, il y a des livres considérés comme sacrés.

Les croyants de ces religions trouvent dans ces livres une source d'inspiration pour donner un sens à leur vie.

AU MUSÉE

Aujourd'hui, Alicia visite le musée des Religions. Elle y découvre un livre somptueusement décoré. Comme les images sont belles ! Le guide lui dit qu'il s'agit d'enluminures. Elle se demande à qui ce livre pouvait appartenir… À quoi pouvait servir un aussi beau livre ?

Imagine de quoi il peut être question dans ce livre.

DES LIVRES ANCIENS

Ce lundi, monsieur Vaillancourt annonce à ses élèves qu'il a un projet spécial pour eux. Il souhaite leur faire découvrir des livres bien particuliers. Tout en leur disant cela, monsieur Vaillancourt dépose trois livres sur une table à l'avant de la classe.

Ces livres ont été écrits il y a très longtemps. Ils contiennent des paroles et des récits extrêmement importants pour les croyants de trois grandes religions. La plupart des croyants de ces trois religions considèrent que ce sont des livres sacrés.

Pour répondre aux grandes questions de la vie, la personne humaine s'en remet à sa capacité de réfléchir ainsi qu'à la sagesse des gens qui l'ont précédée.

1 Selon toi, à quelle religion se rattache chacun de ces livres?

Sous forme de discussion, partage tes réponses avec tes camarades.

Les élèves écoutent attentivement les explications de monsieur Vaillancourt sur les livres sacrés qu'il leur montre. Adèle est très intéressée par le sujet. Elle est curieuse d'en savoir plus.

— Toutes les religions possèdent-elles de tels livres sacrés ? demande-t-elle.

Monsieur Vaillancourt esquisse un sourire et sort un autre livre de la bibliothèque. Il ajoute aussi quelques explications.

Pour plusieurs bouddhistes, les Sutra, qui sont des sermons du Bouddha, sont des écrits importants. Pour les Autochtones, les croyances, les connaissances et les rituels n'étaient pas transmis par des écrits, mais oralement.

2 À quelles occasions peut-on avoir à transmettre oralement des informations ?

DES ÉCRITS PRÉCIEUX

Quels sont donc ces livres, monsieur Vaillancourt ?

Il s'agit d'une Bible et d'un Coran. Ces livres sont des documents très précieux pour les croyants des traditions chrétiennes et musulmanes, car ils y trouvent les fondements de leurs croyances religieuses.

1 À quel endroit peut-on retrouver ces livres ?

2 À quelles occasions utilise-t-on ces livres ?

Le Tanakh

Le Tanakh, ou la Bible hébraïque, est le livre sacré du judaïsme. Il raconte l'histoire du peuple hébreu qui fait une alliance avec Dieu. Cette alliance est comme un engagement de Dieu auprès des juifs. Il s'engage à être toujours présent et à les protéger. En échange, ceux-ci doivent lui être fidèles et lui obéir.

Le Tanakh est formé de trois parties :

- La première partie se nomme Torah. Elle raconte la Loi de Dieu transmise au peuple juif par l'entremise de Moïse.

- La deuxième partie, les Néviim, raconte l'histoire des prophètes. Leur rôle est de rappeler au peuple de demeurer fidèle aux règles de l'alliance afin de conserver la protection de Dieu.

- La troisième partie se nomme les Kétouvim, ce qui signifie « écrits ». On y trouve d'autres textes sacrés qui ne pouvaient pas être classés dans les deux parties précédentes.

Certains textes sacrés sont récités à des moments précis, en respectant des pratiques ou rituels.

Tous les jours, au moment du lever et du coucher, les juifs récitent une prière qu'ils appellent le Shema Israël. Cette prière biquotidienne leur aurait été enseignée par Moïse lui-même. C'est une façon pour les juifs de proclamer leur foi en Dieu. Lorsqu'ils récitent cette prière, les hommes juifs portent un châle spécial qu'on appelle le talith. Ce châle est bordé de franges qui symbolisent les commandements de Dieu.

La Bible chrétienne

La Bible est le livre sacré des chrétiens.

Le mot Bible vient du grec *ta biblia* qui signifie « les livres ». La Bible fait penser à une mini bibliothèque. Elle contient toutes sortes de textes : des récits, des prières, des textes prophétiques, des enseignements, des lettres, des poèmes, des proverbes, des codes de lois, des généalogies. Ces textes sont regroupés en deux grandes sections : l'Ancien Testament et le Nouveau Testament. Le mot *testament* veut dire « alliance ».

L'Ancien Testament est la première partie de la Bible chrétienne. Il raconte comment Dieu veut se faire proche des êtres humains, comment il a le désir de les protéger. On y trouve aussi une grande promesse : un sauveur viendra établir la paix pour toujours sur la Terre.

La deuxième grande section de la Bible chrétienne est le Nouveau Testament. Son thème central est le message de Jésus.

Le Nouveau Testament est principalement constitué d'évangiles et de lettres. Les évangiles nous présentent Jésus de Nazareth et touchent à plusieurs aspects de sa vie : sa naissance, ses enseignements, ses relations avec ses disciples et ses adversaires, ses miracles, sa mort et sa résurrection. Les lettres, notamment celles de l'apôtre Paul, parlent souvent du Seigneur Jésus, de ce que sa mort et sa résurrection signifient pour les chrétiens. On y présente aussi la vie des premières communautés chrétiennes.

Jésus a fait certains gestes et dit certaines paroles qui ont sérieusement dérangé des gens de son époque.

Le *Notre père* est certainement la prière la plus connue chez les chrétiens.

Chaque fois qu'ils se réunissent à l'église, ils la récitent.

Habituellement, cette prière est enseignée assez tôt aux enfants.

À certaines occasions, lorsqu'ils prient, les chrétiens ont l'habitude de joindre les mains et de se recueillir en silence. À l'église, il arrive aussi qu'ils récitent des prières à voix haute en compagnie d'autres croyants. Parfois, ils se mettent à genoux pour prier.

Le Coran

Selon la tradition musulmane, vers 610, un homme nommé Muhammad se rendit à la grotte de Hira, non loin de La Mecque, pour se recueillir et prier. C'est là que l'ange Gabriel lui rendit visite pour la première fois. À plusieurs reprises, Muhammad retourna à la grotte et l'ange revint lui révéler les paroles de Dieu. Il fut commandé à Muhammad d'apprendre ces paroles par cœur et de les communiquer aux gens. Plus tard, il dictera les paroles de Dieu à un scribe qui les mettra par écrit. C'est ainsi que fut rédigé le premier Coran.

Le Coran comporte 114 chapitres que l'on appelle *sourates*. Ces sourates sont divisées en plus de 6000 versets. Les versets d'une même sourate n'ont pas forcément de lien entre eux. Les sourates sont classées de la plus longue à la plus courte.

On trouve quatre types de sourates :

– Des écrits poétiques.

– Des textes qui traitent du Dieu unique, des prophètes et d'histoires merveilleuses.

– Des textes sur les rapports entre Dieu, Muhammad et les hommes.

– Des textes qui indiquent des règles juridiques, morales et sociales.

Chez les musulmans, la récitation du Coran se fait obligatoirement pendant les prières quotidiennes. Les prières ont lieu chaque jour, à cinq moments précis.

Les musulmans récitent une première prière à l'aube. Ensuite, ils en récitent une deuxième le midi, puis une autre l'après-midi, la suivante ayant lieu à l'heure du coucher du soleil et la dernière en soirée.

Lors de ces moments de prière, les musulmans se prosternent sur un petit tapis de prière qui est orienté dans la direction de La Mecque.

Chaque ensemble de prières débute par la récitation de la Fatiha. C'est la première sourate du Coran.

❶ Trouve deux ressemblances entre le Coran, la Bible hébraïque et la Bible chrétienne.

La tradition orale

Chez les Autochtones, il n'y a pas d'écrits sacrés. Les connaissances, les croyances et les rituels se transmettent de bouche à oreille. Il s'agit d'une tradition orale. Dans certaines communautés, c'est le chaman qui en est le gardien. Comme ses connaissances sont orales, le chaman doit s'assurer de les transmettre à celui qui le remplacera. Son rôle est primordial puisqu'il assure la continuité des connaissances et des croyances essentielles pour la survie de son peuple.

Chez les Autochtones, la prière ponctue les moments importants de la vie, comme une naissance ou un mariage. C'est un ancien de la communauté qui, généralement, la prononce.

La prière peut aussi consister à remercier la nature pour ce qu'elle donne de beau et de bon. Ces prières peuvent prendre la forme de rituels qui se composent toujours de trois parties distinctes : la préparation aux remerciements, les remerciements proprement dits, puis la conclusion du rituel. Elles peuvent aussi prendre la forme d'un repas collectif, d'une fête, de danses ou de jeux. Aux dires des Autochtones, les esprits protecteurs se nourrissent des remerciements des humains.

Les trois corbeilles

Le Tripitaka est le nom que l'on donne à un ensemble de textes fondateurs du bouddhisme, notamment pour les bouddhistes de Sri Lanka et de Birmanie.

Le mot Tripitaka vient de l'assemblage de deux mots sanskrits, soit « tri » qui signifie trois et « pitaka » qui signifie corbeille.

Une première corbeille, Vinaya-Pitaka, regroupe les prescriptions du Bouddha concernant les règles de vie des moines et des nonnes bouddhistes.

Une deuxième corbeille, Sutra-Pitaka, regroupe des textes qui présentent les discours et les enseignements du Bouddha.

Une troisième corbeille, Abhidharma-Pitaka, regroupe des débuts de réflexion censés venir du Bouddha lui-même, et vraisemblablement de maîtres qui lui ont succédé.

Les bouddhistes de Chine, du Japon et du Vietnam acceptent la valeur des discours du Bouddha (les Sutra) que l'on retrouve dans le Tripitaka ; ils utilisent également d'autres Sutra, qui sont parfois très longs. Parmi eux, on trouve le Sutra du Lotus qui est souvent considéré comme l'un des textes fondateurs importants de leur religion.

Les bouddhistes du Tibet utilisent des moulins à prières. Ces moulins ont la forme d'un cylindre creux. On place à l'intérieur des formules ou mantras résumant l'enseignement du Bouddha. Elles se répètent indéfiniment lorsqu'on fait tourner cette sorte de roue, comme pour mettre en branle et répandre partout cet enseignement. Le Tibétains pensent contribuer ainsi au bien de tous les êtres.

MÉLI-MÉLO

Observe bien tous ces termes.

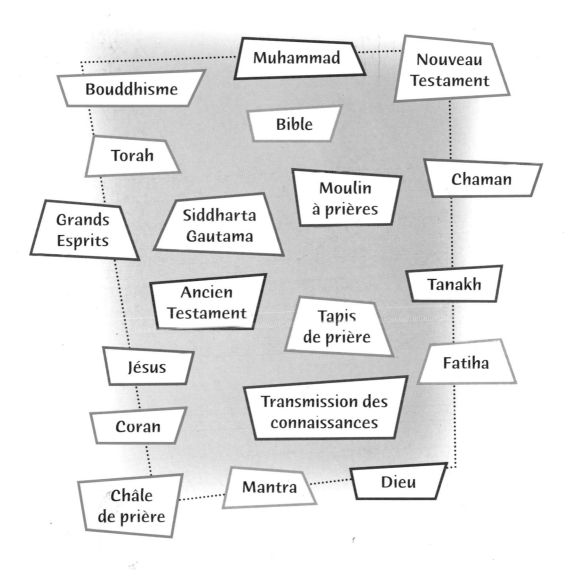

❶ Identifie les religions dont il est question.
Relie ensuite ces termes à la bonne religion.

DES OBJETS
ET DES RITUELS

Partout, des rituels rythment les moments importants de la vie.

Pour connaître leur signification, il suffit de questionner…

LA ROUTINE DE MATHIAS

Ce soir, comme chaque soir de semaine, Mathias commence sa routine. Depuis qu'il est tout petit, ses soirées se déroulent à peu près de la même manière, à moins que quelque chose de spécial vienne perturber ses habitudes. Mathias tient à sa routine. Elle le réconforte et l'aide à se sentir bien. Depuis qu'il va à l'école, cela l'aide aussi à se préparer pour le sommeil. Il en a besoin pour être en forme le lendemain. Son cerveau doit être bien reposé et disponible pour apprendre. Tout ce que fait Mathias pendant sa routine du soir est devenu si important qu'il appelle cela sa «petite routine personnelle».

Voici comment ça se passe :

Lorsqu'il rentre de l'école, Mathias fait ses devoirs et ses leçons.

Il soupe avec sa mère et son frère.

Après le souper, il prépare son bain et met ses vêtements au lavage.

Après le bain, il prend sa collation en regardant la télé avec son frère.

Il s'installe ensuite confortablement dans son lit pour lire, après s'être assuré que son chien n'est pas loin.

Vers 20 h, sa mère vient le border et placote un peu avec lui. Il adore cela.

Puis il caresse son chien et s'endort.

1. Nomme une chose ou une série de choses que tu fais toujours de la même façon.

2. Quel élément te semble le plus important dans la routine de Mathias?

LE PETIT MOT DE CARLOS

Carlos est enseignant depuis bientôt 12 ans. Il adore son travail. Dès le début, il a pris l'habitude de fabriquer à chaque élève de sa classe un court recueil dans lequel il insère des photos, des travaux et un mot personnel. Ce recueil leur est remis lors d'une petite fête spéciale qui se déroule la dernière journée avant les vacances. Quelques semaines avant la fête, Carlos prévoit une fin de semaine où il compose les mots personnels pour chacun de ses élèves.

Pour lui, ce moment est un vrai rituel. Il s'installe à son bureau de travail, allume une bougie et fait jouer de la musique classique. Il place la photo de l'élève sur le bureau et se laisse inspirer. Cette activité lui procure beaucoup de bonheur et il n'est pas près d'y mettre fin.

Décris un événement, une coutume ou des comportements qui sont devenus un rituel dans ta famille.

Une routine signifie agir toujours de la même manière de façon automatique. Un rituel consiste plutôt en un ensemble de gestes ou de cérémonies qui accompagnent et soulignent des événements ou des moments importants pour une personne, un groupe, une société ou une religion. Les rituels peuvent se dérouler à des moments précis. Généralement, les rituels deviennent des traditions ou des coutumes pour les groupes qui les pratiquent. Que ce soit dans une religion ou dans un groupe social, il existe des rituels qui sont obligatoires pour les membres de ces groupes.

Un rituel : le mariage

Dans les grandes religions, on trouve également des rituels bien précis qui soulignent des éléments importants de la vie comme la naissance, le mariage et la mort.

Ce matin, le cœur de Marie-Pier est rempli de joie. C'est vrai qu'aujourd'hui est une journée bien spéciale. Alexandre et elle vont se marier à l'église de sa paroisse, la même où elle a été baptisée. Parents et amis sont invités.

Il y a quelque temps déjà, le prêtre a accueilli Marie-Pier et Alexandre à l'église pour les aider à préparer ce moment si important. Ils ont choisi les textes religieux qui seront lus et les chants de la chorale. Ils ont aussi été informés du déroulement de la cérémonie. Pour ces deux jeunes amoureux, se marier à l'église signifie qu'ils souhaitent accorder une place importante à Dieu dans leur union de vie.

Il est 13 h 50. Alexandre attend patiemment Marie-Pier sur le parvis de l'église. Elle arrive enfin avec ses parents. À 14 h, ils entrent tous les deux dans l'église sous le rythme de la musique. Ils s'avancent vers l'autel où les attend le prêtre, qui préside la cérémonie. Enfin, les futurs époux s'échangent leurs promesses d'engagement, mettent l'alliance au doigt de l'être aimé et, finalement, se donnent un baiser en signe de leur amour devant Dieu et les membres de la communauté.

1 Sais-tu ce qu'est un rituel ?

2 En connais-tu ? Nommes-en.

UN MARIAGE, DIVERS RITES

Il existe deux types de mariage. Le mariage religieux, qui a lieu à l'intérieur de différentes religions, et le mariage civil (non religieux).

Les religions proposent plusieurs manières de célébrer un mariage. Le rituel est donc différent d'une religion à l'autre, mais sert à mettre en évidence que cet amour entre deux personnes est quelque chose de sacré, de très important.

1. Décris un élément d'un rituel de mariage que tu connais.

2. Décris un autre type de rituel que tu connais et qui n'est pas associé à une tradition religieuse.

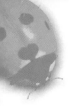

ENCORE DES QUESTIONS!

Ce vendredi, Octave se présente chez monsieur Paulo la tête pleine de questions. Lorsque le vieil homme ouvre la porte, Octave le salue à peine et lui demande :

— Monsieur Paulo, savez-vous ce que signifient les termes méditation, tambour de prière, chapelet, châle de prière ?

Monsieur Paulo sourit. Ses yeux s'illuminent.

— Es-tu disponible demain après-midi ? s'informe-t-il.

— Je crois bien, répond Octave.

— Alors je t'attendrai à 13 h. Tes copains peuvent venir avec toi, ajoute-t-il.

Avec tes camarades, faites un remue-méninges et nommez des objets ou des comportements qui, selon vous, sont associés à la prière ou à la méditation.

La prière est un moment où une personne se recueille et s'adresse à un être surnaturel, par exemple Dieu, Jésus, la Vierge Marie, un maître spirituel qui n'est plus de ce monde. Il existe diverses façons de prier. Certains objets et comportements rituels sont souvent associés à la prière.

UNE CHASSE AUX CHAPEAUX

À 13 h précisément, Octave, Simon et Nadja se présentent chez monsieur Paulo. Ils sont excités par le mystère qui plane sur cette invitation. Monsieur Paulo a le don de rendre la vie pleine de surprises.

Une assiette remplie de chocolats dans une main, il les accueille et les invite à descendre au sous-sol. À vrai dire, il n'a pas le temps de terminer sa phrase que les trois complices ont déjà disparu dans l'escalier, chocolat en bouche.

Sur les murs de la cave, monsieur Paulo a installé des affiches illustrant chacun des groupes religieux. Vis-à-vis de chacune des affiches, il a déposé un chapeau sur le sol. Les chapeaux contiennent quelques objets.

— Lorsque je vous aurai attribué un chapeau, dit monsieur Paulo, vous aurez la semaine pour découvrir la nature et l'utilité des objets qui sont dedans. En faisant cela, vous apprendrez toutes sortes de choses à propos de diverses pratiques religieuses. La semaine prochaine, vous reviendrez ici pour partager vos découvertes.

Après avoir dégusté d'autres morceaux de chocolat, Octave, Nadja et Simon se voient attribuer chacun un chapeau.

LE CHAPEAU DE NADJA

Nadja n'a aucune idée de ce qu'elle tient dans ses mains. C'est un drôle de collier ! Des petites billes avec un mini crucifix. Comme c'est étrange. Il est bien trop long pour qu'on le porte au cou. À quoi peut-il servir alors ?

Elle se rappelle un vieux souvenir, alors qu'elle était à la maternelle. Une de ses camarades de classe habitait chez ses grands-parents. Ces gens priaient avec un collier semblable entre les mains. Voilà ! Elle a trouvé. Il s'agit d'un chapelet. Chacun des petits grains représente une prière à réciter. La grand-mère de son amie priait chaque matin avec son chapelet.

— J'ai trouvé. Il s'agit d'un chapelet, n'est-ce pas ?

— Tu as raison, dit monsieur Paulo.

Nadja regarde ensuite une petite image. Il s'agit de la maman de Jésus, Marie.

— Pourquoi des gens garderaient-ils des représentations de Marie ? demande-t-elle.

— Marie, la mère de Jésus, est une personne très importante chez les chrétiens catholiques et orthodoxes, explique monsieur Paulo.

① Quelle est la signification des autres objets ?

LE CHAPEAU DE SIMON

En voyant les objets, Simon se doute bien qu'ils se rattachent à la spiritualité autochtone. Le premier objet qui retient son attention est l'image d'un homme portant un habit très particulier.

— Il s'agit du chaman, lui dit monsieur Paulo. Pour certains groupes autochtones, le chaman est la personne qui détient le savoir et qui fait le lien entre le monde réel et le monde des esprits. Il possède les dons de l'intuition et de la perception. On lui attribue le pouvoir de guérison, car il a une grande connaissance des plantes médicinales et des rituels de guérison.

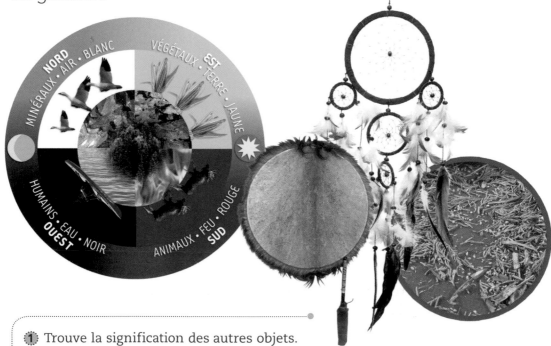

NORD · AIR · BLANC · MINÉRAUX

EST · VÉGÉTAUX · TERRE · JAUNE

OUEST · HUMAINS · EAU · NOIR

SUD · ANIMAUX · FEU · ROUGE

1. Trouve la signification des autres objets.

LE CHAPEAU D'OCTAVE

— Cet objet doit vous intéresser, dit Octave en s'adressant à monsieur Paulo. Je crois bien qu'il s'agit d'un chapeau.

— C'est une kippa, précise monsieur Paulo. Beaucoup d'hommes juifs la portent en permanence. Pour eux, ce petit couvre-chef est le symbole de leur grand respect pour Dieu. Il est aussi un moyen de démontrer leur appartenance à la religion juive. Certains diront en outre que la kippa est un signe qui rappelle que Dieu veille toujours sur eux.

Octave attrape un autre objet. Il s'agit de l'image d'un rabbin. Il se demande bien qui est cet homme et quel est son rôle.

— Cet homme est reconnu comme un sage par la communauté juive, explique monsieur Paulo. Le rabbin est un guide spirituel. Il a beaucoup de connaissances à propos des textes sacrés de la Torah. Il a aussi de grandes qualités d'écoute et d'accueil. Les membres de la communauté juive s'adressent souvent à lui lorsqu'ils vivent des moments difficiles ou s'ils ont des questions par rapport à leur foi.

1 Trouve la signification des autres objets.

UN MONDE DE DIFFÉRENCES

— Votre recherche vous a amenés à découvrir bien des choses. Vous savez maintenant que la Terre est comme le quartier où vous habitez. Elle abrite toutes sortes de personnes. Imaginez que vous invitiez des personnes de tous les horizons chez l'un d'entre vous. Je sais… Cela prendrait une grande maison !

— Et comment ! s'exclame Simon.

— Que souhaiteriez-vous pour bien les accueillir ?

— Des chaises, tout plein de vos délicieux chocolats et de la musique. Peut-être des chapeaux pour tout le monde, continue Simon.

— C'est déjà un bon début. Et quoi encore ?

— Il faudrait que tout le monde ait du plaisir, que chacun s'y sente bien. Pour ça, il faudrait aussi que tout le monde soit dans le salon ou la salle à dîner. Personne dans son coin, renchérit Nadja.

— Je vois ! Pourquoi tout le monde dans la même pièce ?

— C'est simple. Pour être ensemble, il faut se parler, répond Octave.

— Comme tu as raison ! Pour être ensemble, il faut se parler. Il faut se parler de nos joies, de nos peines. Il faut se parler de nos préoccupations, de notre vision de la vie. Il faut danser, chanter et rire aussi.

— Alors, quand peut-on accueillir toutes ces personnes ? s'informe Octave.

— Tous les jours, mon cher Octave, tous les jours. Il suffit de regarder autour de toi, de poser des questions, de t'intéresser aux gens. Il ne faut pas toujours te fier à tes premières impressions. Grâce aux autres, tu te connaîtras mieux. Ne laisse jamais les différences t'éloigner des autres. Comme tu l'as si bien dit tout à l'heure, tout le monde au salon, personne dans son coin ! Ne l'oublie jamais.

Explique ces paroles de monsieur Paulo : « Grâce aux autres, tu te connaîtras mieux. » Que veut-il dire par « Tout le monde au salon » ?